人生100歳時代
65歳からの「賢い老後」

シニア時代を生きる
知識＆常識

公認会計士／税理士
治田 秀夫

はじめに

日本は世界有数の長寿国です。２０１７年3月の厚生労働省の公表によると、日本人女性の平均寿命は86・99歳、男性は80・75歳ということです。これは過去最高の数字になります。

さらに、将来推計される年齢は、２０６０年には女性が90・93歳、男性が84・19歳になるそうです。今世紀半ばには、人口の約10人に４人が、65歳以上という超高齢社会となります。

まさしく、人生１００歳時代は、単なる標語ではなくなります。

そして、「定年」となる65歳が、いわば「第一の人生」の終着駅であり、残りの人生が、「第二の人生」の始発駅となります。

本書では、この始発駅となる「ターニングポイント」＝「65歳」に照準を当て、定年後の長い人生を送るのに最も重要な「相続」「老後」「お金」についての最新情報、知識・常識を紹介し、「賢い選択」ができるよう、そして「賢い老後」が過ごせるようアドバイスをいたします。

定年は55歳から60歳、そして65歳へ変更

いよいよ、2025年4月には、「定年65歳」が完全義務化されます。

「えっ！　定年が55歳」と今ではびっくりしますが、1920年代から始まり30年ほど前までは確かに55歳でした。その後は1986年施行の法律で60歳定年が努力義務とされ、さらに2014年以降は65歳定年が認知されてきています。

しかし、65歳定年といっても現実には、企業の約8割は「実質60歳定年」なのです。65歳まで働く（働ける）といっても、給与などの待遇は良くて7割に減額します（詳細は第1章を）。この定年延長制度は、「65歳まで働け』ということではなく、「65歳まで希望すれば働ける」ということです。ただし、「働かない」場合に、定年後の生活資金を「年金」だけと考えているとすれば疑問符が付きそうです。

「定年制度の延長」が義務化されるのは、既に運営が実質不可能となっている「年金制度を支えるため」ということを知るべきです。

年金受給開始70歳超時代に突入

くり返しますが、「65歳までの雇用」が法律によって義務化されます。

定年が60歳時には65歳まで働くことが当たり前になると、65歳定年の時代では、70歳まで働くことが不思議ではなくなりそうです。

ある「シニア調査」では、70歳〜74歳の男性の70%が仕事に生きがいを感じている、ということですから現実味があります。

まさに「アメとムチ」の制度といえます。現在の年金制度では、受け取り開始の年齢は65歳が基準ですが、受給者の希望に応じて「60歳〜70歳」の間で選択ができます。

その受け取り開始時期を65歳以後にすると、毎月の受給額が増える仕組みですが、60歳から「前倒し」すると減る仕組みとなっています。

例えば、1年延期して66歳からとすると「月額8・4%上乗せ」となり、さらに延期して70歳開始とすると、何と「月額42%上乗せ」となるようです。

まさに、人生100歳・現役70歳時代、この超高齢化社会の到来をにらんだ「定年・

年金」制度といえます。

ここまで「定年」と「年金」について述べてきましたが、世界的にも稀な「超高齢社会」「少子化社会」に突入する日本社会には、まだまだ直面する問題があります。

身近な問題を挙げるとこんな具合です。

＊「生産緑地法」２０２２年問題——住宅地価に影響か

皆さんは、戸建が密集している住宅地の一画に、広々とした田畑があり、そこに「生産緑地地区」と書かれた看板を見たことがあると思います。東京23区など大都市圏の農地・緑地が「固定資産税」の減免などの優遇が受けられるのが「生産緑地制度」なのです。ところが、２０２２年から多くの生産緑地が指定期限を迎えます。

すると固定資産税が負担となる地主がその土地を手放す、すると宅地用の土地の地価に変動が起きる、ということになります。

超高齢化社会ではこんな事例も出てきています。

＊社会保障費拡大止まらず――歳出総額の３割・33兆円に

政府（国）の借金１０６２兆円、借金頼みの財政運営が続きます。

＊年間死亡１３０万人の「多死社会」に――終末期医療の改定も

在宅医療・終末期の延命措置の是非が問われることになるようです。

そして、**２０１９年10月には、消費税が８％から10％に上がる予定。**

これからの日本は難問山積、まさに激動の社会となりそうです。私たちは、この現在と将来を「老後」として生き続けなければなりません。

そのためには、一つでも多くの「知識」「常識」を見聞きして自分自身を守る対応をしなければなりません。本書で、その一部を紹介することで、皆さんが「賢い老後」を手に入れる手助けになることを願っています。

２０１８年1月

治田秀夫

人生100歳時代65歳からの「賢い老後」《目次》

第1章　❖賢い老後❖《世の中の動き》を知る最新情報

目　次

第2章 ❖賢い老後❖《世の中の動き》を知る知識&常識

第4章　これだけは知っておきたい「相続の知識&常識」

第1章

❖賢い老後❖

《世の中の動き》を知る最新情報

❖賢い老後❖

シニアの定年後の働き方

「大企業の元役員」も、天下りがなければ定年後は、「1年単位」×「最長5年」×「賃金5割」

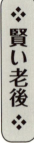

将来的には70歳まで働く（働かされる）時代が来るということのようですが、現在では、7割の会社で、雇用契約の更新は「65歳」までとなっています。60歳で「定年」を迎え、継続して雇用される場合でも、働けるのは65歳までと考えたほうが良いでしょう。

もちろん自営業者や特殊技能を持ち、その会社で欠かせない人材であれば別ですが。

さらに、雇用期限は「1年」ごとになり、「5年」期限の会社は全体の1割といわれています。問題は賃金です。定年時の賃金に対して、「5割未満から7割未満」の会社が多いのです。定年時と同じ賃金な会社は「1割未満」とされています。

つまり、国が法律で決めてはいますが、「65歳まで契約」できる場合でも、「雇用契約は1年単位」で「労働時間は定年前と同じか少し短い」が「賃金は5割～7割」です。

定年前の方は、この現実を認識して考え、定年後20年の老後の生活設計をしなければならないでしょう。

❖賢い老後❖

消費の約半分を占めるシニア世代

今や、消費の王様はシニア。

そのキーワードは、

「孫」「健康」「趣味」

日本の消費の約半分はシニア世代といわれています。16年総務省の推計では「家計最終消費金額（家賃は含まない）」約２４２兆円のうち、60歳以上の消費額は約１１７兆円という数字を見てもわかります。

そのシニアが積極的に財布のひもを緩める主な対象が、「孫」「健康」「趣味」となります。例えば、可愛い孫が小学校に入学となると「ランドセル」が主役となります。業界の話では、最近は一段と高額な商品が売れ、10年前の倍に当たる5万～7万円が相場ということです。

また、健康志向も強く、フィットネスジムやスポーツクラブに積極的に入会するシニア層が増加しています。30代と60代を比較してみますと、費用（会費）は30代の5倍にもなり、会員の構成も増え、全体の中でも3割を占めています。

以前は20～30代が5割近くいたのですが、年々下がり続けシニア層に抜かれるのも時間の問題かもしれません。20年の東京オリンピックをむかえ、英会話などの習い事、趣味も盛んになっています。

❖賢い老後❖

日本人は「現金」好き

クレジットカード、電子マネーもありますが、日本の「現金決済」の比率は、全体の約65%。ATMや輸送費のコストが年間2兆円にも!

シニア世代には何といっても身近なのは、「現金」と「ATM」といったところでしょうか。全国銀行協会によると、銀行・信用金庫、ゆうちょ銀行などにあるATMは13万7千台（2016年9月時点）で、「どこでも現金を出し入れできる」という便利さがあるためでしょうか、「現金」の使用比率は先進国の平均（32％）の2倍以上だそうです。

「お客にやらせておまけに手数料まで取る」と、ATM導入時の評判は今いちでした。今では、銀行間で乱立したそのATMの維持費が、経営上の負担になっているようです。つまり、「現金決済を支えるのに年間2兆円ものコストがかかる」ということです。

一方で、「仮想通貨」と呼ばれる「お金」が生まれています。ただし、インターネット上に存在する「電子的な通貨」で、ネット上の買い物ができます。最近ではリアル店でも使用が可能になりつつあり、その代表格が「ビットコイン」。紛らわしいですが楽天などの「電子マネー」とは違います。投資の対象にもなっていますが、利益を得た場合、申告しなければ「脱税」となりますのでご注意を。

❖賢い老後❖

「相続税ゼロ」世帯が大幅減は本当?!

やはり的中したのか?

「小規模宅地等の特例」制度改正後の

「戸建てサラリーマン」の相続事情は?

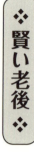

「2015年（平成27年）の「税制改正」によって相続税が大幅に増税になります！」

「都市部の一戸建てのサラリーマン家庭でも相続税がかかるようになります！」

こんな情報が、改正前から雑誌や書籍でくり返し特集されたのをご記憶でしょうか。

増税の対策として注目されたのが「小規模宅地等の特例」の適用でした。

その結果、日経新聞（国税庁のデータ）によれば、14年の特定居住用宅地の適用件数＝2万7038件に対して、15年分はなんと6万7325件、2・5倍に膨れ上がりました。「相続税の申告」が必要な人が約8割増えたということです。

ただし、そのうち相続税が0円だったのが1万7831件で、だいたい4人に1人は、申告はしたけれど「特例」で相続税はかからなかったということでした。

この「小規模宅地等の特例」は、制度変更がくり返されていますから、相続税の対策を考える時は最善のものか確認をすることが必要です。

税額が数千万円単位で増減しますから「遺言書」の内容も変更するなども必要です。

❖賢い老後❖

「相続税」の申告が必要な人が約8割増加

15年の「新制度」から、
都内23区、一戸建てに住む、
平均的サラリーマンにも「課税」？

国税庁の発表によりますと、15年度に亡くなった約129万人のうち、新制度によって相続税の課税対象になった人が10万を超え、課税割合が3・6%増の8%になったということです。

この課税割合は、1958年以降で過去最高となり、税額は1兆8116億円に達し、14年度と比較して30・3%の増額ということです。

「相続税」は相続財産から「基礎控除」と呼ばれる非課税枠を差し引いて計算します。新制度になった15年1月からは、この基礎控除分が「5000万円＋1000万円×法定相続人数」であったものが「3000万円＋600万円×法定相続人数」に引き下げられています。

この「増税」の影響については、施行前から「都心部の5人に1人が対象になる」などと、書籍・雑誌などマスコミで騒がれていましたが、相続財産の内訳では、「土地」が全体の38%を占め最も多くなっています。マスコミ報道もあながち誇張ではなかったということでしょうか。

❖賢い老後❖

黒字中小企業の廃業増加「大廃業時代」

少子高齢化社会が直面する現状。
経営者高齢化と後継者未定企業が127万社。
日本の誇る「モノづくり産業」の危機。

世界有数の長寿国家であるわが国ですが、そのことを喜んでばかりはいられないことになりそうです。社会保障費が膨張し続ける一方で、日本経済を支えている中小企業が人的な問題を抱えています。日本全体の雇用の7割に達するこの中小企業で起きているのが、深刻な「後継者問題」です。

経済産業省によれば、現時点で後継者が決まっていない企業は127万社にのぼるそうで、このままでは2025年には、6割以上の企業で経営者が70歳を超えるそうです。現在、休業・廃業や解散をする中小企業の5割が「黒字会社」です。このまま企業が廃業などでなくなっていくと、25年までに累計で約650万人の雇用が失われるということになります。なんと、約22兆円の国内総生産（GDP）が喪失してしまいます。

「70歳まで働きましょう」とは言っても、この状態では企業自体の新陳代謝が進まず、その技術力も衰えていくのは避けられないでしょう。

この状況に国も、「中小企業承継」には、相続税や贈与税の「税優遇」を拡大するようです。

❖賢い老後❖

「節税＝不動産活用」は終息？

「優遇策」と「マイナス金利策」で、
相続税対策の決め技「不動産」に、
監視強化の逆風か。

「アパート・バブル終息?」—昨年（2017年）暮れの日本経済新聞によれば、「相続対策と低金利を背景に貸家の新設着工はこの2年近く高い伸びが続いたが、このところ3か月連続で減少。

地方では空室が埋まらず、貸出先に困った地銀がアパート融資に奔走してきたが、金融庁の監視強化で流れが変わりつつある」という。

15年の「税制改正」を前に、新税制対策の「不動産関連本」が多数出版され、その主旨は、「税負担を軽くするという意味では現金よりも不動産を残すほうがトク」。「1億円の現金と不動産、現金はそのまま相続税が計算されるが、建物は〈固定資産税評価額〉を利用すれば、評価額は高く見積もっても8千万ほどに下がり、税金もその分安くなる」。

これは間違いないが、16年だけで全国に約43万戸が供給され、その結果、バブルの様相になれば今度は監視強化。まさにお役所仕事といえます。

❖賢い老後❖

急増する「空き家問題」に対処へ

「土地相続」の登記を「義務」化へ変更か。

このまま放置すれば、北海道まるまる分の面積が、

「所有者不明」の土地に！

「所有者不明」の原因ですが、現在の「相続登記」が任意性にあることが指摘されています。土地所有者が死亡すると、新たに所有者になった相続人が相続登記をして、名義を自分の氏名に書き換えます。

ただし、この相続登記は義務ではなく、どうするかは本人の判断に任せることになっています。

現状では、何らかの事情で相続人による相続登記が行われないと、登記簿上の名義は死亡した被相続人の名義のままになります。仮に、その放置状態のまま、何世代かに相続されますと相続人は増え続け、確認は困難になります。

何故、「相続登記」がきちんとなされないのか。その要因を第3章「空き家特措法」でも述べていますが、「固定資産税の負担」や「空き家の管理費用」など相続人の事情があるわけです。

ともあれ、「780万ヘクタール（北海道）という広大な国土が所有者不明となる」（増田寛也元総務相）の警告に、ようやく国が対策に乗り出したということでしょうか。

❖賢い老後❖

「タワマン購入」――節税か破産か

相続・投資目的の物件も、いざ、相続後の売却時に値下がりしては、「何のための節税対策だったのか！」もあり得ます。

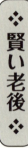

相続税をできるだけ減らしたいと考えるのは、資産がある人ほど考えるでしょう。そのために何をするか？ いろいろな節税対策が本や雑誌の特集で紹介されています。タワーマンション購入の節税策が、富裕層の間で注目されたのはご存知の通りです。「タワーマンションは相続対策にとって効率がよい不動産」―これは3年前の節税本の見出しコピーです。

高層階ほど人気があります。見晴らしがいい、ステイタスになるというのは当たり前ですが、いざ売却ともなれば高層階ほど人気があり、その分高い価格の一方、相続税の評価額、税金は同一面積であれば高層階でも低層階でも一緒でした。つまり高層階ほど、価格の高さのわりには相続税が安く節税対策としてお奨めでした。

しかし18年になり、20階建以上のタワーマンションにおいては高層階は低層階よりも「固定資産税」が高くなりました。とはいえ、富裕層にとっては「タワマン節税」は依然として有利な相続税対策でしょう。ただし注意すべきは、今後ずっと高値の取引が続くかです。

❖賢い老後❖

自己破産増加のシニア世代、何故？

銀行の貸し出しが急増するカードローン。
簡単に借りられても、
返すのは簡単ではありません。

最近気になるのが、シニア世代の自己破産増加です。自己破産といえば、03年ころ若い世代を中心に消費者金融からの借り入れ、多重債務による自己破産が深刻な社会問題となりました。06年にはその対策として「総量規制」を設け年収の3分の1までしか借りられないようになりました。自己破産件数も減少し続けました。

ところが、16年になり自己破産件数が13年ぶりに増加したのです。

そして、40歳以上の自己破産率が全体の、7年前の58％から85％に急増しています。60歳以上では13％から27％に倍増しています。

その原因の一つとされているのが、銀行傘下のひと昔の消費者金融会社による個人向けカードローンです。よくTVで「借り入れ簡単○○、□□銀行グループ」というCMをご覧になると思います。

定年後にお金を借りてしまったため、その返済が重なり住宅ローンまで払えなくなった、といったケースも。もちろん、借りる側に一番の責任はありますが、ちょっと不思議な気がします。

❖賢い老後❖

孤独死とタンス預金

豊かな長寿社会になった
日本社会の象徴的な出来事。
「孤独」な人間には「大金」は無用の長物？

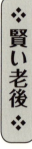

２０３５年には、後期高齢者（75歳以上）が日本社会全体の35％になるといわれています。そんな高齢社会で最近問題になってきたのが「孤独死」と「タンス預金」です。17年９月22日付の「日経新聞」の記事を引用します。

――ごみ捨て場などから多額の現金が見つかる事例が各地で相次いでいる。警察庁によると、拾得物として届けられた現金は16年計約１７７億円に上り、近年は増加傾向が続く。高齢者が誰にもみとられずに亡くなる「孤独死」などの社会環境の変化を背景に、気づかれずに廃棄される現金が増えているとみられ、今後も思わぬ大金の発見が続く可能性がある――

記事によれば、廃棄物収集会社で現金が見つかる ⬇法定相続人という遺族が「誤って捨てた」と申し出で ⬇現金の「持ち主」は既に死亡 ⬇警察が約２か月かけて調査 ⬇遺族に返金、ということになったようです。

ある調査によると、「老後に怖いものは」という質問に対して、「貧困」「病気」についで多かったのが「孤独」でした。

❖賢い老後❖

突然の「税務署」からのお尋ね

15年の「相続税改正」後は、
とくに資産家でもない一般的な家庭でも、
相続税の対象になった。

課税件数が、前年の約５万件から倍増の10万件超になりました。

意図的に財産を隠し、発覚した場合には容赦なく「重加算税」がかけられます。

税務署からのいわゆる〝お尋ね〟は、相続が終わった2年後でもあります。

「おかしいですね。私たちの調べた出金履歴によると、こうなっていますが……このことにお心当たりはありませんか？」

「実のところ、このような証拠があるのですが、どうですか？」

と、突然に申告漏れを指摘してきます。16年度では、全国で1万2116件の相続税の実地調査が行われ、その82％で「申告漏れ」などが見つかり加算税が課せられました。


相続人がそのようなことにならないためにも、被相続人であるあなたが、生前にしっかりとお金の流れを管理しなくてなりません。

今や、「相続」と「節税」はセットとして考えられている時代、賢く引き継ぐことが求められているのです。

❖賢い老後❖

富裕層への監視強化

「税の公平」が無くなれば、
国民の「納税義務」倫理感は無くなり、
ついには国家も亡くなります。

17年の暮れ、世界を席巻したニュースがありました。「パラダイス文書」として、「税金逃れの世界のVIP」の名前が公表されたのです。以前から指摘されていた「タックスヘイブン（租税回避地）」における各国の富豪、多国籍企業、さらには著名な政治家たちによる「課税逃れ」が暴露されたのでした。

そんな中、わが国の国税当局も富裕層に対する監視を強め、国外に逃がす財産を追うために調査員を4倍に増員しています。さらに、合法的な贈与税逃れになる「海外居住期間」を5年から10年に延長しました。

「国民の納税モラル、平等性を維持するために」は、富裕層の海外への資産隠しは許さないという国税庁の断固とした姿勢は、国民の大多数からは評価されるものでしょう。

しかし現実は、国際的に見れば、巨額な富裕層マネーを呼び込もうとする国がある限り、国税当局との〝税の戦い〟は続くでしょう。

❖賢い老後❖

「死後離婚」知っていますか?!

世の男性がた、ご存知ですか?
この造語が最近話題になっています。
届は10年前の2倍にも。

第2章で述べる「熟年夫婦の妻のホンネ」の先には「死後離婚」が待っているようです。最近は、夫やその先祖の墓には入りたくないと考える女性が増えているようです。

正式には「姻族関係終了届」といい、夫との死別後に提出して、その両親や兄弟姉妹などとの法的関係を解消することができます。で、大半は女性からの提出です。

さて法的にはどうなるのか確認しましょう。まずは義父母の「扶養義務」はなくなります。次は遺産相続ですが、夫の死亡時には配偶者でしたから相続権は維持されます。すでに受け取っている相続資産も返す必要はありません。

年金はどうでしょう？　遺族年金は、死亡時において配偶者として問題がなかったら受給できます。

この「終了届」は、相手側の同意は必要なく手続きも簡単です。本籍地か居住地の役所に、自分と亡くなった配偶者の戸籍謄本を併せて提出します。さらに姓や戸籍もという時には「復氏届」を提出します。

❖賢い老後❖

故意に放置されてしまう「遺骨」

貧困？　無責任？

「葬儀」をめぐって、

日本社会が変わっている。

孤独死のために引き取り手がいない、さらにコインロッカーや高速道路のサービスエリアに起き忘れたのか故意なのか放置されていた、こういう事情の「遺骨」が全国で増えているといわれています。「埋葬するお墓がない」「葬式を出すお金がない」というのが理由なのでしょうか。

その状況は「葬儀場」でも起こっています。「通夜」や「告別式」も行わず、火葬場の炉の前で檀家とは関係ない僧侶が読経するだけの「直葬」と呼ばれる葬儀スタイルも増えているそうです。家族構成や経済的な理由が背景にあるようです。

一方で、著名な経済人、芸能人などが亡くなった場合でも、最近は近親者による「家族葬」によって葬儀は済ませてしまう傾向が増えています。ひと昔前は、大葬儀場で多くの参列者が集う葬式が話題になりましたが、葬儀自体も小規模となり「お別れの会」といった読経などがない形式が普及しています。

こういった一連の葬儀方法は、「自分らしい葬儀」を生前から希望する「故人」が増えているということです。

残された遺族に「負担」をかけないというやさしさなのかもしれませんね。

◆賢い老後◆

長寿社会に登場した「トンチン年金」

「公的年金」では安心して老後は過ごせない。
「長生き年金」は「死亡保障なし&生涯受け取り」型。
80歳からOKの「入院保険」「死亡保険」まで登場。

巷間よくいわれているのが、「65歳で定年して、余生を夫婦二人で過ごすにはいくら資資金が必要か？」ということですが、数千万円というお金が簡単に用意できる人は、まだ少数派のような気がします。「マルサ査察」よりも「自己破産」のシニア層がこれから増えてくるようで気がかりです。

「長寿の味方トンチン年金」や「80歳の保険特集」を新聞紙上で見かけました。いずれも超高齢者社会を見据えた保険会社の「新商品」、その商魂には感心します。

「トンチン」とは考案したイタリアの銀行家の名前。死亡したり、解約したりした人への払戻金を少額に抑えて、その分を長生きした人の年金に回す仕組みです。

例えば、50歳時に加入した男性の場合は、月約5万円を20年間払い込むと、70歳から死ぬまで年60万円の「年金」が受けとれるが、90歳前に死んだら保険料を下回る。

将来性が不安視されている「公的年金」に上乗せするという商品だそうで、加入をする人が増えそうだということですが、ちょっと複雑な気持ちになります。

❖賢い老後❖

「この国では死ねない」

在留外国人は247万人（2017年）に達するが、長期滞在の外国人の中には、日本の高い相続税を知って、日本を離れる外国人も多いという。

長寿・少子化社会の日本にとって、優秀で善良な外国人労働力は日本社会の将来にとっては必須といえます。しかし、その内の多くの方が、学業ビザや中には観光ビザで入国して働いて、本国に仕送りをしていることも事実です。

一方で、わが国の方針として、高度な技能などを持つ外国人の来日、長期滞在、さらには永住をはかるため許可要件を緩和しています。ところが、この動きに逆行する事態が生じています。それが相続税問題です。

死亡時に日本国内に住所があれば、外国籍であっても海外で保有する資産は「相続税の対象」とする改正がありました。

当初の目的は、税回避のために国籍を放棄した日本人への納税義務を徹底させる対策でした。

短期滞在の外国人に対して「10年以上日本に住所があった場合」と配慮したつもりですが、納税の義務が生じる外国人にとっては10年は短すぎるということです。労働力に悩むわが国にとって悩ましい問題といえます。

❖賢い老後❖

グローバル化時代の相続

国際結婚で海外に移住、出産。
日本国籍のない子どもが相続する場合は、
「戸籍」がわが国では唯一絶対の効力をもつ。

日本人の長寿・高齢化と少子化・未婚成人増加という問題、さらに、労働人口の減少にともない、海外から多くの人が移住してその不足を補うであろうことが予測できます。

逆に、日本人が外国人と結婚し、そのまま海外に住むケースは、平成27年現在で約131万人が在住、約45万人が永住しています。そのうち国際結婚は相当数にのぼると思われます。

では、その方たちの相続は？ 日本人が外国人と日本国内で結婚する場合は、日本人同士と同様の届け出をすればいいし、戸籍も日本人を筆頭者とする戸籍が作られます。

問題は、海外に移住した人が海外で子どもを出産した場合ですが、日本国籍を持たないケースがあります。

実は、日本の相続では「戸籍」によって相続人であることが証明できなければ、別の方法によって相続人であることを証明しなければなりません。

第2章

❖賢い老後❖

《世の中の動き》を知る知識＆常識

❖賢い老後❖

シニアの相談トップ10

相続相談の9割以上が、医療・福祉・お金・葬儀に集中しています。
次の10項目を参考にしてください！

1. 条件に見合う老親の「終の棲家」（シニア向け施設）
2. エンディングに向けてのプランを作成したい
3. 認知症が出た老親との接し方について
4. 財産分割の考え方や方法について
5. 予算内ですべて出来る葬儀社を探したい
6. セカンドオピニオンについて知りたい
7. 医療や介護費用の軽減策について知りたい
8. カルテや検査データの入手方法について知りたい
9. 親子関係、夫婦関係の改善方法が知りたい
10. 終末期の延命措置拒否について知りたい

（NPO法人二十四の瞳『誰も教えてくれない〝老老地獄〟を回避する方法』より）

❖賢い老後❖

認知症で相続もままならない！

「まだまだ大丈夫」と思うのは私だけ、
ある日「大丈夫かもわからない」私に。
高齢社会は「老老相続」時代に。

人生100歳時代といわれ、何やら定年後も70歳までは、現役で働く時代となった社会となりましたが、皆さんはいかがでしょうか。

いまは元気で、妻や子どもたちに迷惑をかけないどころか、自分が築きあげてきた財産をしっかり管理している。まだまだ「生涯現役」を続けていられそうだから、相続問題など無縁だとおもっているあなたに質問です。

まず、お子さんたちは何歳でしょうか。ご自分が80歳をすぎていれば、今は元気でも、ある日突然、「何かおかしい」と周囲からみられるときが必ずやってきます。はい、認知症の始まりです。自覚があれば「早めに財産相続を考えて遺言をしておいた方がいい」となりますが、「まだまだ私は大丈夫」と考えて、そのままにしているうちに本格的に認知症になってしまいます。なんの相続対策をしないままです。認知症となれば、財産の管理ができなくなります。

不動産の売買をはじめ、贈与の内容を決める遺言を書くこともできなくなるのです。このような事例は、今後ますます増えていくと思われます。

❖賢い老後❖

親の認知症対策に「家族信託」制度

突然、親が認知症！　どうする？

その対策として、著目されている

新しい相続の方法

意思能力なくした人のためにある「成年後見制度」については後述しますが、財産整理に関わることが多く、また問題事案発生のため活用が思うように進んでいないようです。

そこで注目を集めているのが「家族信託」という制度です。

特徴は、「子どもに贈与することなく」、親が子どもに、その財産の管理や処分を任せることができるというものです。

財産所有者の親が「委託者」、それを管理し運用できるのが子どもである「受託者」となります。「信託契約」で定めた範囲であれば、受託者の子どもは自由に活用でき、利益があれば親が「受益者」として受け取ることができます。

かりに財産が増えても受益者である親が納税の負担をすることになり、子どもはあくまでも名義上の財産所有者（受託者）にすぎません。

ただし、家族信託は「遺言」よりも優先され、新たな相続手法として注目されています。

◆賢い老後◆

家族の絆も〝金次第〟と考える

地球上の動物の中で、
親の面倒を子どもにさせるのは、人間だけ。
親子で「話し合える」のも、人間だけ。

親が寝付いた後、はじめの内こそ「可哀そう」と懸命に介護しようとしてくれた子どもや配偶者たちです。が、その期間が予想以上に長くなり、いつ終わるかもわからない介護生活が続くうちに、「いつまで続くのか」という感情に支配されてくるようになります。その感情の原因は、肉体的な問題から、経済的問題もかかわってくるようになります。

そして、時として介護する側の人間が憎悪の感情まで抱くような状況まで追い詰められるようになり、その結果、「介護虐待」とか「介護殺人」などというおぞましい事件を引き起こしてしまうのです。自分は親なのだから、子どもがその面倒を見るのは当然といった考え方が通用したのは、ひと昔のことです。蜂の世界の女王バチがさしずめ親であれば例外かもしれませんが、動物界では巣離れした子どもたちは、自然にみな独立して新たな家族を作ります。

親子関係について「話し合う」ことができるのは、人間界だけなのです。財産の有効的な使い方を、親自身が元気なうちから真剣に考えて、対話をしておきたいものです。

❖賢い老後❖

要介護&医療依存、こんな余生は〝NO〟!

人生の最終ステージに、
妻や子どもや孫に囲まれる「主役」から、
まさかの「悪役」になる現実。

自分の人生にそれなりに満足し苦難も乗り越え、60年以上にわたり、いわば「主役」を張ってきたシニア世代の人たちも、子育てが終わり、人生の後半の最終ステージを迎える時期にあたり、穏やかな老後を過ごせると誰もが想像しているはずです。

そんな日常がある時を境に激変してしまうのです。いままで心身共に現役であったのに、突然「要介護」や「医療依存」の状態に陥ってしまったら、その途端に人生の「主役」ではなくなってしまいます。そうなると、自分の意志で、自分の人生を選択できなくなるのです。

さらには、この「元主役」は、配偶者や子どもにとって、時として、彼らの人生に対して「悪役」の存在となってしまうのです。

この「悪役」とは、時代劇やミステリーの世界では、最後には切り捨てられて当然といった、周囲にとって迷惑な存在のことです。

少し厳しい見方かもしれませんが、誰しもが迎える必然なのです。

「悪人」となってしまう前に、早め早めの対策（医療、介護）が必要となります。

❖賢い老後❖

生涯現役である秘訣は〝適度〟流

すべての面で「適度」ができる、
それが長生きできる人の秘訣とか。
真面目すぎるあなたも、明日から「テキトー人」に。

〝頑張りすぎない〟〝すべてに適度〟な人の多くが楽しい人生をおくることができるようです。私たちシニアが望むのは、「生涯現役。ある日ポックリ大往生」ということです。配偶者や子どもたち身内には迷惑をかけないこと。寝たきりや要介護で単に長生きしていても、本当の人生の終末期ではないでしょう。なんとか自分のことは自分でできる、自立した日常生活を普通におくり、気持ちよく人生を終了したいものです。

そんな「生涯現役」で過ごすためにはどうするのが良いか、医師の志賀貢先生によれば、元気で長生きした多くの人は、頑張りすぎない、一生懸命になりすぎない。適度にわがまま、適度の手抜き、適度にのん兵衛、適度に食いしん坊、適度にエッチ、適度にいたずら。こんな具合に、すべてに「適度」な人が、楽しい人生を送ることのできる人ということのようです。

巷にあふれている、「健康長寿に効く○○サプリメント」「□□食物は健康に欠かせない」といった健康法・医学情報などにのめり込んでいる人ほど、じつは早死にしたり寝たきりになったりしているようです。

❖賢い老後❖

熟年夫婦の妻の〝ホンネ〟を知っておく

シニアの生きがい事情は?
男性は「仕事」、女性は「趣味」。
さて、妻のホンネの終着駅は?

シニアを対象に調査したところ、習い事や学習を定期的にしている人の割合は、男女共に60代がいちばん多く、次いで多いのが70代ということです。積極的に習い事をしているのはやはり女性で、普段からご近所同士のお付き合いがあるため、誘い合う機会も多く、気軽に楽しんでいます。

一方、男性は、定年後には外出する理由もなく家にいることが多くなります。そこで、妻の習い事に夫も参加してみたいと思い、「○○教室って、男の人もいるの？」と聞いてみると、「何で？」と素っ気ない返事です。

あるデータによりますと、シニア世代のご夫婦に「配偶者といっしょに習い事をしたいですか」と尋ねたところ、夫が妻と一緒が30％もありましたが、妻側からの一緒には13％しかありませんでした。

これは、夫の「片思い」ということになり、妻からすれば、年がら年中家で顔を合わせているよりも、一人の時間を楽しみたいということなのでしょう。

世の男性諸氏は、「亭主元気で留守がいい」という妻のホンネを肝に銘じておくべきかもしれませんね。さらにその先には「死後離婚」もありますから要注意ですね。

❖賢い老後❖

熟年再婚には〝落とし穴〟がありそう

シニア婚の3大トラブルは、
最初は、「遺産」「年金」と続き、
極めつけは「介護」に終わる。

世の中は今まさに、シニア婚活ブームのようです。会員制のお見合いパーティ、婚活ツアー、有名ホテルでの婚活イベントなどめじろ押しです。

そこでめでたく熟年カップルが誕生し、さらには結婚となるケースもあるわけですが、未婚者同士の若年結婚とちがい、いろいろな問題を抱えている二人の結婚です。当然のことといえばそれまでですが、いざ結婚したら途端にいろいろなトラブルが起きるケースが急増しているようです。

子どもとの軋轢は予測できても、お互いの親の介護はどうするか、といった問題に直面することになります。

トラブルを抱えれば健康にも影響するし精神的にも追い詰められます。「こんなはずではなかった」と少しでも愚痴れば、親戚からはそれ見たことかといわれ、夫婦の間も何やらギクシャクとしてくる。

熟年になって芽ばえた恋が生まれ、幸せで穏やかな老後を期待して実際に結婚してみれば、待っていた現実は…。

❖賢い老後❖

老老介護は老老地獄の入り口?!

「日本人の平均寿命は世界一」。

マスコミや国のPRに、

「何がめでたい」長寿国。

私たちは戦後の平均寿命と比べれば確かに30歳は伸びていますが不老長寿になったわけではない。現実は「要介護期間」は女性12年、男性9年といわれています。

この「介護期間」の介護は誰がやるのでしょうか。資産家であれば医療施設もある立派な施設に入居できりし、自宅で介護人を雇うこともできます。

シニア人口（65歳以上）は３５００万人、そのうち要介護者６００万人、認知症患者５００万人で、予備軍をふくめれば１０００万人といわれています。

現実社会では、70代が90代の親の介護をする、70代の老妻が寝たきりの夫を介護するといった、「老老介護」世帯が急増しています。

預金と年金を食いつぶしながら、身体が不自由な妻を介護している60代後半の男性がテレビで紹介されていました。パート勤務のわずかな収入で、このままでは20年持たない、自分自身の20年後はまったく考えられないということです。

老老介護をめぐる家族間の凄惨で悲しい事件も…、この現実はまさに「老老地獄」です。

❖賢い老後❖

「困った相続人」が出現した相続事情

ニート、引きこもり、
パラサイト、
といった相続人。

◆「浪費癖」の子ども（親の財産を勝手に使う）
◆「ニート」働かない子ども（親の年金をあてにしている）
◆「引きこもり」会話もない子ども（親に衣食住を負担させる）
◆「パラサイト」の子ども（親の脛をかじる）

こういった子どもたちが現実に存在していて、親の老後を脅かしています。

親世代がまだまだ、心身とも健康であれば「問題」が起きることは少ないと思われますが、親世代の高齢化がすすむと同時に、これらの子どもたちが、まさかの〝モンスター化〟します。こういった相続人をもつ人は、とくに財産の管理には気をつけたいものです。

また、同居してくれるからと安易に管理を任せてはいけません。勝手に親の財産を使い込む事例が増加しています。相続財産を、勝手に自分の権利と錯覚しているのです。

子どもの「家計」が助かっても、自分たちの「老後資金」が足りなくなっては元も子もありません。親にすり寄る「パラサイト」にはご用心ということです。

❖賢い老後❖

中高年のニート急増

親のすねかじりは死ぬまで続く。
「高齢ニート」「年金パラサイト」、
収入源は「親の年金」。

世界一の長寿化と少子高齢社会を迎えたわが国ですが、富裕・貧困の格差拡大、医療・介護費用の拡大が気になります。

以前は、シニア世代は60歳の定年を境に、仕事を離れ退職金と年金生活、趣味や安らぎのある老後を予定してきました。ところが時代は、激変し定年は延長され、65歳どころか70歳まで働けとなりつつあります。

とにかく元気なうちは働くのは苦にしないシニア世代ですが、困った状況が増えつつあります。

夫婦ふたりであと20年間生活するためには、「老後資金が3000万円必要」とされています。年金と預金をたして70歳までパートをすれば、何とかできそうなこの「老親」に、「稼ぎ・収入ゼロ」の40代高齢の子どもが同居しているのです。

「ニート」や「引きこもり」になってしまった子どもたちは、いつまでも巣立つことなく安住の地として同居生活をしていきます。

「親はいつまでも親」というこの状況は、「共倒れ」の可能性が限りなく大きくなります。

❖賢い老後❖

成年後見制度とその弊害

長寿、核家族、孤独死、

…これが現代の日本社会。

「まさか弁護士が！」…これも現実です。

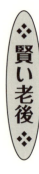

――成年後見人などの立場を悪用して、財産管理を任された認知症の高齢女性ら3人の預貯金から計1億1200万円を着服したとして、業務上横領罪に問われた元弁護士Wに対して、東京地裁は懲役6年の実刑判決を言い渡した。裁判官は「被後見人らの信頼を裏切る背信的な犯行で、成年後見制度に対する社会の信頼を揺るがしかねない」と厳しく批判した（毎日新聞より）――

近年よく耳にするこの「成年後見制度」ですが、簡単にいいますと、知的障害、精神障害、認知症などの精神上の障害をもつ人が、判断能力が十分でないために不利益を被らないように、家庭裁判所に申し立てをして、その人を援助してくれる人間を付けてもらう制度をいいます。

この制度によって、身寄りのない人でも安心して生活することができます。羽毛布団や屋根の修理など無理やり契約させられてしまう悪質なケースが報告されていますが、この場合にも、この制度によって被害を防止したり、救済されることができるようになるはずです。

❖賢い老後❖

弁護士増加と争族の関係

首都圏は供給過剰、地方は人手不足。
弁護士稼業もラクじゃない。
「争族」から「後見」までOK!

弁護士といえば、わが国では医師とならんで、最難関の国家試験を突破した超エリート。その弁護士が、今や大企業のサラリーマンよりも稼げないということになっているようです。

２００６年に新司法試験制度が導入されてから、毎年５００人ほど合格者が増加、10年間で1万4千人も激増した結果、弁護士一人当たりの仕事は減り続けているということです。法科大学院の募集が激減しているのも関係しています。

「訴訟大国」アメリカでは、飲み物一杯の係争に数十億円という損害賠償の判決例があり、交通事故では救急車よりも早くかけつける弁護士がいて被害者に名刺をだすといった話まであります。

幸いにも（？）日本は訴訟大国のアメリカとは違い、民事・刑事の事件で弁護士のお世話になる数はそれほどありません。そこで気になるのが〝争族〟裁判です。近年、弁護士を立てた「相続裁判」が急増していますが、この弁護士事情と何やら関係ありそうですが。

❖賢い老後❖

〝終の棲家〟をどうしますか

家を売って介護施設に入るか、
子ども夫婦と同居するか。
早めに、相続と老後の話し合いを。

長年連れ添った妻に先立たれて早や5年、自分ひとりで家事もこなせるし、病気さえしなければ預金と年金もあと20年は大丈夫。こう考えるA男さんですが、自分はまだ70歳、人生はあと20年はある、このまま年老いていいのだろうか、後悔しないだろうか、とも思い悩むこのごろです。

二人の娘と孫4人に恵まれ、たまに一緒に過ごすひと時はそれなりに楽しいのですが、自分の懐からはその都度お金が消えていきます。自分が倒れた時に果たしてどちらの娘が面倒を見てくれるのかと、二組の家族を思い起こします。

亡き妻と建てたこの家も築30年の中古物件、土地だけは60坪はあり、売ればそれなりの金額になるはずだから、相続ではモメないようにとも思っています。

「介護施設」に入居して娘たちには迷惑をかけない、やはり面倒をみてもらおう、思い悩みます。

賢い老後

エンディングは何ごとも〝自衛精神〟で

老後の世話を、
子どもに期待してはいけません。
国や社会に期待してもいけません。

「人生１００歳時代」となると、定年を65歳として、あと30年のセカンドライフがあるわけです。すごい時代となりましたね。

高度経済成長の恩恵を受けた１９７０年代では定年は55歳でした。現在は定年は65歳となりましたが、「定年廃止」という声も聞こえてきます。

「生涯現役」「健康寿命」の掛け声がやたらと大きくなった気もします。私たちシニアにはいろいろの人生が待ちうけます。

生涯独身で人生を過ごす人、結婚しても配偶者と死別し子どもが巣立っていった人、健康な人、介護を受ける人、まさに「人生いろいろ」でしょう。

但しこれだけはいえます。これからの「超高齢化社会は自衛社会」であることを確認しておくことが大切だと思います。

つまり、最終的には、自分のことは自分で何とかしなければダメ、ということです。老後の介護を期待する子どもが「結婚しない」、家庭を持っても「パラサイト」となる可能性があります。

第3章

❖賢い老後❖

《相続》に関する知識&常識

❖賢い老後❖

長寿が相続に思わぬトラブルを引きおこす

親から子、子から孫へ。
長寿化時代になって起きる、
三世代相続と〝争族〟劇。

現在70歳の方もあと15年や20年は長生きされるかも知れません。頭も身体もまだまだしっかりしていれば何の問題もありません。でも、「おれはまだ呆けていない」と安心していてはいけません。このままの状態で〝健康寿命〟を保てる保障はありませんね。

90歳まで長生きしても、何もかもわからなくなってしまったら、「自分は幸せ」かもしれませんが、「自分以外の幸せ」も考えていただきたいものです。

今の日本社会では、「90歳の母親から60歳の子どもが財産を相続し、その相続に30歳の孫が絡んでくる」という、「三世代相続」が現実のものとなっています。30代から40代は、結婚、子育て、教育と、これからの人生でお金はいくらあってもいい、という第三世代の希望、意見を相続人である第二世代はなかなか無視できないでしょう。誰だってわが子は可愛いのは当たり前でしょうから。それ故、「争族」が起きても不思議はありません。

❖賢い老後❖

遺言書で〝争族〟の芽をつむ

親子だから、直接相続の話はタブー。
ならば、遺言書は、
人生最後の大仕事と考え完璧を目指そう。

将来、相続が発生するのは明らかなのですから、早めに決めて、整理しておくことが肝要です。以下に「決めておきたい事柄」を参考にあげてみます。

1. 法律的にだれが相続人なのか
2. 相続財産は何と何が、その評価は
3. 「争族」になる事柄、可能性があるか
4. 相続の際、対策が必要になるか
5. 相続税が課税されることになりそうか
6. どんな生命保険にはいっているか
7. 「遺贈」の可能性があるか
8. 相続人のなかに特別に伝えたいことがあるか

遺言書に明確な意思表示をするためにも、不動産の評価額やニーズなど、「相続財産」を調べて現在の状況を把握しておくことです。

❖賢い老後❖

相続人全員が満足する相続はない！

〝争族〟は、全員が地獄の入り口に。
何はともあれ、全員が、
〝円満相続〟を意識すること。

著者は十数年前から、兄弟姉妹といった肉親同士が、親の財産を奪い合って争う状況を〝争族〟とし、その行き着くゴールは「地獄」であると警鐘してきました。

そして「円満相続」を推奨してきました。

相続で争う相手は、多くの場合、血を分けた肉親同士です。

しかも、自分がこの争いに勝とうとすれば、相手への攻撃もヒートアップします。

とはいえ、裁判所に持ち込まれた争族もやがて終焉《しゅうえん》をむかえますが、当事者全員が納得できるような結果にはなりません。

さらに、裁判所の裁定はきわめてドライといえますが、その決定には従わねばなりません。

その先に待ち受けているのは、人間関係の崩壊、そして徒労感だけでしょう。

「全員が等しく満足する相続はない」、この事実があることをぜひ覚えておいてください。

◆賢い老後◆

〝争族〟の多くは「二次相続」で起きる

親がまだ心身共に健全なときに、
「財産の整理」をして、
「遺産相続」の争いの芽をつんでおくこと。

一次相続（主に父親が死亡）の際は、残された母親に気を使うために子どもたちの相続争いが起きることは少ないようです。

配偶者である妻が、夫の財産をそのまま相続したことにより、争族の火種は表面化せず、そのまま先送りされる場合が多いのです。

一次相続で、配偶者が半分以下の財産を相続すると、「配偶者の税額軽減」という規定が適用されます。この場合には、相続税を納める必要がありません。

さて、ここからが問題となります。「二次相続」という難問です。一次相続時の「税額軽減」はありません。むしろ、控除される法定相続人も一人減ることになります。

そして今回は、先送りされた子どもたちの相続についての綱引きが始まります。亡くなった母親が、それなりの現預金を残してくれていればいいのですが、相続財産が「土地と中古家屋」だけとなると問題です。

さらに相続人である子どもが二人以上いれば、かなりの確率で「争族」となります。

❖賢い老後❖

理想的な相続

相続でもめない基本は、
相続人を平等に扱うこと。
生前贈与で、二次相続対策もしっかり。

母親が亡くなったため、相続人である3人の子どもが申告をしました。

一次相続の際に遺された遺産（額）からすれば、母親が亡くなった今回の相続は申告さえしっかりしておけば何の問題もないと考えていたわけです。

ところが、税理士が確認したところ母親の財産が増えていたのです。相続人に確認しますと、母親の実家から親の財産が贈与されていたことが判明したのでした。亡くなったご主人の遺族年金で入所していた介護施設の費用も賄え、保険にも入っていて余分な支出はなかったのです。

さらに、この母親は生前から3人の子どもには平等に接していました。母親は銀行の窓口に別々に子どもを連れて行き、現金を300万円それぞれに渡していました。この相続人たちも素直にこのお金を受け取っていました。

「母親がくれたので受け取った」ということで、今どきの「遺産争族」とは縁遠い家族だと感じ入りました。

❖賢い老後❖

相続の複雑化を予測、準備する

「多数相続人」「隠し子」「行方不明」

相続を一層複雑にする3つの〝問題〟

まずは「遺言書」の準備です。

実際の相続手続きにおいて、「遺産分割協議」になったとしても、「全員合意」など絶対に無理と思われる状況が起きてきます。

その原因は次の「3つの〝問題〟」の存在です。

1．相続人が多い　2．隠し子の出現　3．不連絡者の存在

相続人が多くなれば、中には「モンスター相続人」といわざるを得ない人がいます。遠方に住んでいる相続人、自分への相続額によっては参加を渋ることもありそうです。

また、家族が知らされていなかった「隠し子」や「婚外子」といった「非嫡出子」がいて相続を主張したらこれまた悩みのたねが増えます。さらに、失そう者や消息不明者には特に注意が必要です。

遺産分割協議は、「稟議」で全員が同席しなくてもできますが、明らかな「欠席」があると認められなくなります。実際に、相続人全員の合意が難しいので、まずは「遺言書」が必要となります。

❖賢い老後❖

こんな人は「遺言」を残すべき

三男だが、あいつに家業を
引き継いでもらいたいのだが…。
私が亡くなると老妻だけになってしまうが…。

遺産の多い少ないにかかわらず、遺産分割のトラブルは起きるものです。遺産相続のことで少しでも不安や心配なことがあるのならば、遺言書の作成を視野に入れておきましょう。

「相続」が「争族」にならないためにも、特に次のケースに当てはまる人は検討が必要でしょう。

①相続権がない人に財産を渡したい
②先妻の子と後妻およびその子がいる
③財産を渡したくない人がいる
④家業を引き継がせたい
⑤財産の大半が土地や建物などの不動産である
⑥夫婦間に子どもがなく配偶者と被相続人の兄弟姉妹が相続人
⑦相続人がいない

中でも、法定相続人の特定が困難だと思われる場合は、遺言書を遺しておくことです。

❖賢い老後❖

遺言書も内容次第

相続額に満足する相続人はいない!
遺言書は完璧な遺言はできない。
「遺留分」は用意しておくこと。

「相続で争族は絶対ＮＯ！」と著者は10数年も前からその著書で訴えています。最近の傾向では、親世代の長寿化により、三世代をまきこんでの相続争いが増加しています。

「相続争い一般家庭で急増…遺産額５０００万円以下がこの10年で50％増」

これは日本経済新聞の記事ですが、「争族」に関して、ここで二つのことを明記しておきたいと思います。

一つめは、「相続額に満足する相続人はいない」

二つめは「遺言書は完璧ではない」、ということです。

「どうしてもあいつには財産を1円も譲りたくない」という気持ちは充分理解できます。しかし、その意思を「遺言書」に託しても、なかなかその通りに行かないのが「相続」です。

「争族」になることで、結果的に財産を譲りたい相続人を苦しめることになります。時には裁判で「遺言書」が無効にさえなります。そこで、訴えられない「遺言の中身」が大切になります。

❖賢い老後❖

不動産以外の財産を確認・整理しておく

不動産、現預金、お宝もの…。

「自分がわかっていればいい」は禁物。

財産の全体がわからないと相続人同士が揉める

「相続税」の納付期限は被相続人（親）が亡くなった日から10カ月以内に、全額を現金で一括納付しなければなりません。

この相続税については、「一次相続」時にはあまり問題にならなかったと思います。遺産分割の結果、「物納」でといった状況は、「二次相続」時には大いに起きています。

そこで、被相続人は次のような点に留意していただきたいと思います。

①妻や子どもが知らない「休眠口座」や「へそくり口座」はありませんか。

②同じく内緒の「株取引」や「保険証券」「貴金属」はありませんか。

③同じく内緒の「借金」はありませんか。

①の「休眠口座」は取引が5年～10年ないと時効となり払い戻しができないことに、「へそくり口座」や、②の財産は税務調査で見つかると「申告漏れ」扱いとなり、加算税もあります。③にいたっては、相続手続きのときに初めてわかったときには、相続の内容まで変わってしまいます。

❖賢い老後❖

「凍結預金」をどうする

亡くなった親の銀行口座がわからない！
印カン、カードが見つからない！
あなたは相続人を困らせたいですか。

「お母さんの定期預金が解約できない！　どうしたらいいの？」という話はよく耳にします。

「死亡と同時に口座が凍結される」というのは本当の話です。

銀行や郵便局の預貯金は、金融機関が本人の死亡を知った時点で口座を凍結させます。なぜなら、相続が始まった瞬間から、残された財産は相続人の共有財産となるからです。

まず、口座の凍結を解除するには、遺産分割協議を速やかに完了させることが求められます。これがまた、相続人にとっては大変手間のかかることになります。

金融機関での相続手続きは、多くの書類を提出したり、かなり面倒です。

それは、相続人の共有財産を守るためでもあります。

相続が発生した時に起きるであろう、子ども同士のトラブルを防ぐためにも、あらかじめ金融機関に預けてある預貯金は、お子さんなど相続予定者に明らかにしておくことも考えておくべきでしょう。

❖賢い老後❖

養子縁組の長所と短所

富裕層で浸透する相続対策も、
相続人同士の同意がなければ、
「争族」の原因になり元も子もない。

「養子縁組」の相続税に対する長所（メリット）としてはまず、「基礎控除（非課税枠）1人当6百万円」が増える。では、短所（デメリット）はあるのでしょうか。

まず考えられるのは、他の親族が知らない、了解していない「養子縁組」でしょう。この状況ですと、「遺産分割」が相続税の申告期限までにまとまらない可能性があります。こうなりますと「税を優遇する制度」が使えない事態となります。

また、「孫養子」も、税制改正によって一等親の血族（代襲相続人の孫は含む）には含めないことになっていますので、20％の割増とされます。さらに、この「養子（縁組）」に合理的な理由がないと判断されますと、「租税回避行為」とみなされかねません。

被相続人が長男の孫と結んだ養子縁組が有効かどうか、最高裁まで争われているケースも最近ありました。

「養子縁組」の際はくれぐれも慎重にしてほしいものです。

❖賢い老後❖

「預かり資産」と見なされたら大変

「贈与税」は、相続税逃れを防ぐため税率が高い。
なので、税務署は、
相続時の「名義預金」には目を光らせている。

相続時の節税策として一般的に奨められるのが、アパートやマンションを購入する「不動産」による節税がありますが、誰でも手軽にできるということで最善の節税方法が「生前贈与」でしょう。

生前贈与には、今では誰でも知っている一般贈与「暦年贈与」があります。贈られる人の一人当たりが年間110万円までは「基礎控除」されて税金がかかりません。ただし、後々税務調査などで問題になった場合に備えて「贈与契約書」や「支払い履歴」がわかるようにしておくことです。何故なら、相続時に他の資産とチェックされ、「名義預金」と誤解された場合でも相続税のかからない相続である証明になります。

何十年も専業主婦であった妻が、夫の財産相続時に多額の預金をもっていたりすると、税務署の調査官は「夫からの預かり資産」ではないかと疑いをかける確率が高くなります。「贈与税」の税率は相続税よりも高いので、いろいろと聞かれることにもなります。

また、「夫名義の定期預金」を満期に妻名義にする、「孫への非課税枠での贈与」などの「名義預金」は疑いの原因を作ることになるので要注意です。

❖賢い老後❖

「遺贈」という相続

妻やわが子の他にも財産を
残してやりたい人がいたら…。
そう思ったら…。

「遺贈」とは、遺言書でお金をあげたい人に残せる贈与のことです。

昨今では、身の回りの世話や介護を身内以外の人が行うケースが非常に多くなってきています。

相続といえば被相続人の財産が法定相続人に引き継がれることであることは広く知られていますが、今後、「遺贈」という選択肢も知っておくとよいでしょう。

たとえ血が繋がっていないとしても、親身になり面倒をみてくれた人に遺産をあげたくなるのも人情です。

遠くの親戚より、近くの他人ではないですが、案外、相続人以外の人の方が世話をやいてくれる場合もあります。

しかし、いくら感謝の思いを募らせたとしても、まったく意味がありません。

法的拘束力を持たせ現実に財産を渡すためには、できるだけ明確に遺言書に記す必要があります。

できれば、「公正証書遺言」の作成をおすすめします。

❖賢い老後❖

「生命保険」を賢く使う

生命保険金は相続財産とは別に扱われる現金。
争族を防ぐには、これが有効。

相続のことを考えたとき、まず思い浮かぶのが「生命保険」ではないでしょうか。その考えは間違っていません。相続の対象財産を精査する場合、問題になってくるのが「生命保険」だからです。

より詳しく説明すると、「生命保険請求権」が、受取人である指定者に保険契約の効力発生と同時に、指定者の固有財産となり、その後、生命保険金を指定者のみが取得できるしくみになっているのです。

つまり、相続に関するのは、「生命保険金請求権」であり、保険金という現金ではないのです。なお、相続の段階では保険金を請求する権利はあったとしても、現金化はされていません。

ここで注視してほしいのは、生命保険の保険金は原則的には相続財産とは切り離して扱われるということです。

生命保険をうまく利用することにより、相続が滞りなく進められることがありますから上手な活用を考えておきましょう。

❖賢い老後❖

「生命保険金」を活用して円満相続

「みなし相続財産」ですが、
相続時に、「争族」になって、
「家・土地」を売らなくてすみます。

円満な相続をするためには「現金」の必要性が高まっています。現実問題として、「現預金」がなく、一戸建ての財産しかない相続に際しては、財産の分割のため、「争族」のために、納税資金がないために、といったことから理不尽にも唯一の財産である、現在住んでいる家や土地を売却しなければならないケースが増加しています。

その対策として、「生命保険」が有効となり必要とされています。

「生命保険金（死亡保険金）」は、被相続人が死亡した日に持っていた財産ではなく、死亡したことにより指定された受取人に支払われる固有財産で、民法上は相続財産ではありません。

そのため遺産分割や遺留分の対象にはなりませんが財産としての効果があるので、「みなし相続財産」とされ相続税の対象になります。でも「500万円×法定相続人数」が非課税です。

❖賢い老後❖

長寿だから遺族年金は重要

相続税の対象となる年金は？

贈与税の対象となる年金は？

夫婦二人の年金でやっと生活していたのに…。

厚生年金や国民年金などを受給していた人が亡くなると、遺族に対して支給されるのが、「遺族年金」です。原則として、所得税も相続税などの課税はありません。注意が必要なのは、相続税の課税対象である「年金受給権」です。

遺族年金は、その受給者や支給規定が法的に定められています。解釈としては、遺族の生活保障という趣旨で給付される金銭であり、受給者固有の権利であるといえます。

となると、相続財産とはまったく違ったものなのです。

年金受給者が亡くなった場合、年金を受ける権利はその時点でなくなります。死亡をしてから14日以内に届出をしなければなりません。

しかし、年金受給者が死亡した場合でも、その年金によって生計を立てていたと認定されれば、遺族年金が受けられる可能性があります。

いずれにせよ、社会保険事務所または、年金相談センターに相談をすることをおすすめします。

❖賢い老後❖

余命わずかでも贈与はできる

がんが見つかった…、税金対策は何も…、
孫への贈与は税金はかからないと聞いたが、
ほんとうだろうか？

「亡くなる3年内に生前贈与をしても無効になってしまう」ということをご存知ですか？　慌てて相続人に生前贈与をして、相続税を節税しようとしても全て無効になってしまうことは事実です。

税務上、「相続開始前3年以内加算」という決まりが設けられているからです。

その規定を少し踏み込んでみると、「相続又は遺贈により財産を取得する者」の贈与のみ適用されるとなっています。見方を変えると、孫や親族などはその対象ではないのです。たとえ3年以内であっても、「相続又は遺贈により財産を取得する者」以外に相続する場合、相続税に関してまったく気にしなくてよいのです。

孫へ贈与を行う場合がその一例です。

ただ、注意しなくてはならない点もあります。その贈与が「連年贈与」または「名義預金」とならないための知識と準備が必要であるということです。

世代を越えた節税手段も、超高齢化社会へと突入した今では、とても重要な選択肢の一つであることは間違いないといえるでしょう。

❖賢い老後❖

特定の人に財産を残したい「寄与分」

どんなに仲の良かった子どもたちでも
争いが生じるのが相続、と思っていた方がいい。
「貢献」の評価は人それぞれ

超高齢化が加速する現代において、遺産をあげたい想いが特定の相続人にある場合が多くあります。そうした場合、実現するには、はっきりと遺言書に記すしかありません。その時に注意しなくてはいけないのが、相続をする権利を有する者に、何度も口頭で伝えただけでは、まったく法的な効力がないということです。

・身の周りの面倒を見てくれた内縁の妻に遺産をあげたい
・企業の株式を保有しているが、特定の相続人に引き継ぎたい
・長男には住宅資金などを出資したので、家を出た次男、長女に相続させたい
・家を出た長男、次男ではなく、同居の三男に財産を相続させたい

など、様々な事情が複雑に絡み合っています。

どんなに仲が良い子どもたちでも、揉めるのが相続なのです。特に、「特定の相続人に特別な財産を残したい」（**寄与分**）と思っているのであれば、簡単にはいかないことを自覚してください。遺言書に明確な意思を書くことから始めてください。

❖賢い老後❖

最低限の権利「遺留分」

遺言は100％は実現できない！
財産を渡したくない人間がいても、
法律は認めてくれない。

全財産の相続を遺言書に記したとしても、相続人に対して侵害できない最低限の権利を保証している決まりがあることを知っておいてください。

残された相続人の生活に大きな影響を及ばさないための配慮から、民法で定められています。

基本的に遺産分割は遺言に基づいて行われますが、「遺留分」という制度があることを忘れないことです。相続人の遺留分を害するような遺言には、最低限の権利として、遺贈や贈与の減殺を請求されます。なので、遺言どおりに上手く相続財産が分けられるとは限らないのですが、遺言書を残さないでいると、事はもっと複雑になってしまいます。

もちろん、相続人からしてみれば、意思と反したことが遺言書に遺されていたとなれば、遺言者から裏切られたという感情が生まれ、「相続」が「争族」になっていくのは避けられないでしょう。

遺言書を遺す前に、留意しなければならないことを学ぶ必要があることは確かなのです。

❖賢い老後❖

おひとり様の相続

相続時の税金は、お金持ちだけの問題？
いえいえ、配偶者も子どももいないあなたこそ、
早めの相続対策を！

「夫（妻）の死亡時には、相続税がかからなかったから自分のときも同じだろう」と、考えていませんか。実は、そんなことはありません。

配偶者がいた当時、「配偶者の税額軽減」が使えたことと、土地に関しても「小規模宅地等の特例」が認められたため、相続税がかからなかったのです。

しかし、「おひとり様」となってしまった今、基礎控除も一人減り、「配偶者の税額軽減」もありません。

さらに、現在同居している子どもがいなければ、原則として「小規模宅地等の特例」も適用されません。

あなたの後の「二次相続」が大変です、思っていた以上に相続税がかかってしまい、相続する人も驚いてしまうでしょう。

配偶者のいない「おひとり様」ほど、早めに相続税対策を考えた方がいいのです。

自分が認知症なり、亡くなってしまっては、打つ手は限られてきてしまい、結局損をしてしまう可能性も考えられます。

❖賢い老後❖

「空き家特措法」知っていますか

「住まない」「売れない」からと放置しておくと、「特定空き家」と見なされると、現在の土地の固定資産税が6倍に。法律で罰せられることも…。

「空き家対策特別措置法」が正式な名称です。この法律は、住むこともなく、そのまま放置してある家主にとって重要な意味をもってきます。

高齢者社会になった現在、親と子どもが同居する世帯は減少し、介護施設を利用することが多くなりました。高齢者比率が高まるにつれて、親が介護施設に入所してしまい実家が空き家になってしまうのです。

この法律は、「空き家」の定義として、「居住その他の使用がなされていない状態である建築物とその敷地」とされ、年間を通じて使用されていないことが挙げられます。ただ、この「特措法」は、すべての空き家を対象にしているわけではなく、空き家にしておくと、放火・倒壊・衛生上の影響・通行の妨げ、などを引き起こす原因になるということで「特定空き家」と法律で決められます。放置していると、近隣からの通報で国や市町村から検査にきて指定されてしまいます。

建物がある土地は、土地の固定資産税が最大で6分の1まで優遇されていますが、「特定空き家」になると、建物とは見なされないので土地だけの固定資産税が課せられてしまいます。

❖賢い老後❖

空き家リスクと「負」動産

団塊世代が建てた家が空き家となって急増している?
実家が売れないうえに、税金まで上がるという…。
住宅ローン減税の弊害が出てきた!

都下の住宅地に30年前念願のマイホーム一戸建を購入したAさんですが、いま千葉にある実家をどうするかで悩んでいます。４年前に母親が亡くなり、妹となんとか二次相続の手続きをすませたのですが、当てにしていた実家が思うような金額で売れません。最近よくいわれている身内同士による「争族」もなく、実家が売れたら妹にもそれ相当の金額を渡そうと考えていました。ところが新聞や週刊誌の情報を読みますと、「首都圏の比較的都市部でも、空き家が余り気味で買い手がつかない」ということです。

千葉県は「空き家率」が11・9％で全国的には9番目に低いといわれているのに、地元の不動産屋の話とはだいぶ違い戸惑っています。２０２０年のオリンピックを前に、マンションの建設ラッシュや住宅ローンの減税、金利低下、など聞く話と現実の話がどうも違いすぎていると感じていました。

実家を売るのはもう少し待とうと思っていたところ、昨年になって不動産屋から「空き家特措法」という法律ができたと聞きました。今までのように「値上がり」を待つということが、得にならないかもしれないといわれてしまいました。

❖賢い老後❖

「負」動産と「相続放棄」

ただし、安易な「相続放棄」は禁物！
「負」となる資産だけを放棄することはできない。
相続資産の全体をもう一度見直すこと。

人口減少が進み、地方では、家や土地が売れなくなり、固定資産税といった税金だけを払い続けるケースが増加しています。前項のAさんのように、親からの土地や家屋を相続しても、それが財産どころか負の財産になってしまう。

「とりあえず相続しておこう」「とりあえず売れるまで」といった時期が続くと、時には何百万円ものお金を失うことにもなります。

もし、これから相続する予定がある不動産が、前述したような「負」動産になる恐れがあるなら、「相続放棄」という選択も考えておくべきでしょう。

例えば、不動産にかかる維持・管理費（税金を含む）、さらに処分費用を計算して、不動産価値がそれらを上回れば相続も可となります。もし下回るようなら「相続放棄」を考えた方がいいでしょう。

その判断の目安として、「相続資産全体の2割以下なら相続」「相続資産のうち金融資産が500万円以上あれば相続」といわれています。

相続後に、「家屋解体費用」「固定資産税」などで500万円以上の出費があることを予測しておかなければいけません。

❖賢い老後❖

「相続税逃れ」の対策が強化

節税対策として推奨される「会社設立」。中でも、法務局への登記のみで設立できる一般社団法人が急増。節税が脱税にならぬようにご注意！

相続税対策としてよく知られるのが、「資産をできるだけ減らすのを目的として、会社（法人）を設立すること」があります。会社を作れば、その会社の株式（自社株式）が相続財産になりますが、まず相続税対策として自社株価を引き下げることが基本です。

具体的な方法を簡単にいえば、会社の「現金・預金」を減らすことで株価を下げ、相続税を抑えるわけです。まず配偶者や子どもに給与を支払い、社長の退職金などを支払い、とにかく会社の資産を少なくします。

このような動きに対して、国税当局としては当然ながら、相続税の課税逃れ対策を強化しています。とくに、15年に相続税の課税対象者が拡大してからは、2名以上であれば、「公益」に関係なく自由に事業ができる「一般社団法人」の設立が急増したのですが、相続税逃れが目につきます。

国税は、課税逃れと判断される場合は、税優遇や非課税の対象から外す措置をとっています。

❖ 賢い老後 ❖

「申告漏れ」は徹底的に調べます

将来のために と考えて、
子どもや孫の名義の預金口座を
作っていませんか?

「生きているうちに、夫（妻）名義の口座に現金を移してしまおう」と、死亡3年前に相続税逃れの贈与をしようとしても、結局は無駄な努力となります。

相続後の税務調査で、「みなし相続財産」として捉えられます。

特に、税務調査で厳しく調べられるのが「名義預金」です。

預貯金だけでなく、名義を変えた保険契約も例外ではありません。

つい忘れていた、うっかりしていたといっても、けして許されません。

早かれ遅かれ、預金取引履歴などを基にすべて調べられます。いつ、いくら、誰が所有・管理していたかが調査後分かってしまうのです。

おかしな預貯金の移動は、税務署でも目を光らせています。

実際のところ、「申告漏れ相続財産額」の第1位は、「現金・預貯金」であることがすべてを物語っています。あまりにもひどい場合、「重加算税」がかけられることもあります。しょせんは「何とかの銭失い」になってしまいますから、「申告は正直に」と申し上げたいところです。

第4章

これだけは知っておきたい「相続の知識＆常識」

それではここから、相続の手続きについて、「被相続人」と、亡くなった後の「相続人」の手続きについて順に見ていきましょう。

01 相続の開始（死亡届の提出）

相続は、被相続人の死亡と同時に始まります。これを「**相続の開始**」といいます。人が死亡したときには、死後7日以内に死亡届に死亡診断書（または死体検案書）を添えて市区町村役場に届け出ます。

基本的にはこの死亡診断書に記載されている「死亡日時」が相続開始日となります。相続税の申告及び納付は、相続の開始があったことを知った日の翌日から10カ月以内とされていますので、相続開始日は相続税でも重要な意味をもってきます。

●被相続人（親）が入院中、あるいは自宅介護中に死亡。

●相続人（子）のために、入院先の担当医によって「死亡診断書」が作成されます。自宅療養中に亡くなった時は医師に連絡します。医師から異常死でないことが確認されたうえで「死体検案書」が作成されます。

02 遺言書の確認

相続がスタートして相続人が最初にすることは、被相続人の遺言書の有無の確認となります。遺言書の内容は相続においては最優先されますから、遺言書の有無の確認はもっとも重要な作業です。

公正証書遺言（詳細はのちほど）であれば作成時に立ち会った証人がいますし、**自筆証書遺言書**であれば弁護士・税理士などに託していることもあります。そうした人がいない場合には、個人の持ち物を調べなければなりません。

遺言書が確認できた場合でも、公正証書遺言以外の場合には、家庭裁判所で「検認」

の手続きを受けなければなりません。

●被相続人の残した「**遺言書**」の法的効力は強いものです。「**遺留分**」という制限はありますが、被相続人にとっては思い通りの相続ができます。

●相続人宛の「遺言書」が残されていませんでした。こうなると、相続人による「**遺産分割協議**」が行われます。しかし、反対する人がいれば協議が成立せず、「**争族**」になりかねません。

03 相続人の確定

誰に相続をする権利があるのかを確定します。「遺言書があれば、遺言書の指示に従って遺産を承継する人が確定します。

遺言書がない場合には、民法が定めた「**法定相続人**」が相続することになります。

相続人の特定は厳格に行う必要があり、そのためには被相続人の出生から死亡までの戸籍を取り寄せなければなりません。

●被相続人は遺言書を残して遺産を承継する人を確定しておく。

●遺言書がない場合は、「法定相続人」を確定することになります。その際戸籍を調査しますが、実はこの調査、相続人からすれば大変な作業となります。さらに認知された非嫡出子などがいた場合など、予想外の事態が発生することもあります。

04 法定相続人とは

●被相続人のうち、遺言書を作成する人は、100人に5人くらいと言われています。留意すべきは**「非嫡出子」**の存在で、死後に明らかになるのはトラブルを招きます。被相続人はこの問題を生前に解決しておきたいものです。

●相続人に対して、遺言書が作成されていない場合は、相続できるのは民法に定められた「法定相続人」となります。法定相続人は、被相続人の配偶者と一定範囲の血族で、相続できる順位も決められています。

①配偶者相続人

配偶者（妻又は夫）は、ほかにどのような血族相続人がいても必ず相続人になることができます。ただし、戸籍上の婚姻関係であることが条件です。

離婚をせずに長期にわたって別居していても、あるいは婚姻期間が1日しかなくても、戸籍上の配偶者であれば相続人になります。

逆に、長年にわたって被相続人の世話をしてきた内縁の妻という立場では相続人にはなれません。内縁の妻に財産を残すためには、遺言による**「遺贈」**が必要です。

②第1順位の血族相続人

「直系卑属」つまり、**被相続人の「子ども」**です。子どもがすでに死亡しているときには、その子どもの子（被相続人の孫）が相続します。

これを**「代襲相続」**といい、相続する孫のことを「代襲相続人」といいます。相続開始時にお腹のなかにいる胎児も原則的に法定相続人として扱われます。

「子ども」には**「実子」**と**「養子」**があり、いずれも区別なく法定相続人になれます。

また、養子として外に出した実子でも「普通養子」であれば相続権があります。

被相続人が再婚をしていて、前妻とのあいだに子どもがいる場合には、その子どもにも相続権があります。問題は、争族の種になりやすい愛人との**「非嫡出子」**です。生前の認知はもちろんですが、被相続人の死後3年以内に裁判によって認知が認められれば相続人となります。

ただ死後にこの問題が起これば、残された相続人に「恨まれる」ことは間違いありません。

③第2順位の血族相続人

子ども、孫、ひ孫も（その子どもたちも）いない場合には、**「直系尊属である」**被相続人の父母が法定相続人になります。父母ともに死亡している場合には祖父母が法定相続人になります。

④第3順位の血族相続人

「傍系血族」つまり、被相続人の兄弟姉妹です。ただし、兄弟姉妹が相続できるのは、第1順位の血族相続人も第2順位の血族相続人もいない場合だけです。なお、兄弟姉妹のいずれかが死亡している場合には、一代に限って（甥・姪）**代襲相続人**となれます。

以上、順序立てて説明しましたが、実際の相続人の確定にはかなりの手間がかかることがあります。

相続では、この人たちに相続権があることを証明するだけでは不十分です。この人たち以外には相続人が存在しないことを証明しなければならないのです。

そのための唯一絶対の効力をもつのが**「戸籍」**です。

続開始後に被相続人の戸籍を取り寄せて、はじめてその存在を知る相続人がいることも、決してめずらしいことではありません。

法定相続人と相続順位

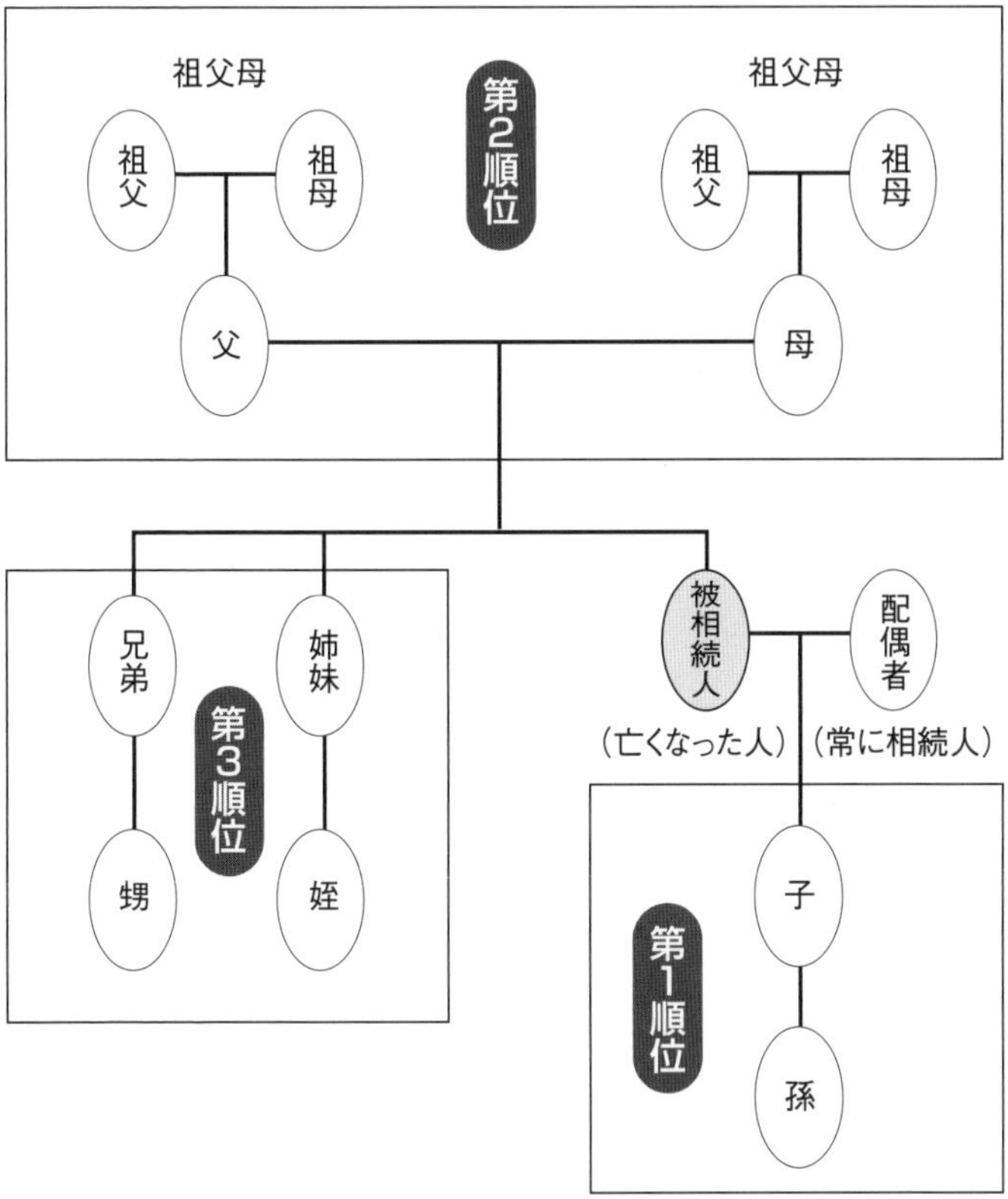

- 配偶者は常に相続人。
- 第1順位の子が死亡している場合は、子に代わって孫が相続人になる（代襲相続）。
- 第1順位の子や孫がいない場合は、第2順位の父母（父母ともにいないときは祖父母）が相続人となる。
- 第2順位の父母（祖父母）もいないときは第3順位の兄弟姉妹が相続人となる。第1順位の代襲相続は、孫がいなければ曾孫へと無限に続くが、第3順位の代襲相続人は甥姪まで。

05 〈遺言書〉がないと財産は「法定相続分」で分配

民法では「**法定相続人**」の範囲と順位のほかに、それぞれの相続人の分割割合も定めています。

これを「**法定相続分**」といいます。

ただし、この定めに強制力はなくあくまでも目安のひとつです。遺言書があればその指定が優先されますし、相続人全員の合意があれば法定相続分にしばられる必要はありません。

法定相続分は次のように決められています。

●**相続人が「配偶者だけ」や「子どもだけ」**のようなケースでは、全額を配偶者や子どもなどが相続します。子どもが複数いる場合には人数で割って等分します。

●相続人が「配偶者と子ども（代襲相続人）」の場合には、

配偶者が2分の1、子どもが2分の1です。子どもが複数いる場合には、2分の1を人数で割って等分します。

●相続人が「配偶者と父母（祖父母など）」の場合には、

配偶者が3分の2、父母などが3分の1です（複数の場合は等分）。

●相続人が配偶者と被相続人の兄弟姉妹（甥・姪）の場合には、

配偶者が4分の3、兄弟姉妹（甥・姪）が4分の1です（複数の場合は等分）。

06 〈遺言書〉でも意のままにならない「遺留分」

相続人に相続させることが保障されている相続財産の一定割合のことを「遺留分」といいます。

遺言をもってしても侵すことのできない権利、それが「遺留分」です。

なぜ、このような制度があるのかについては諸説があるのですが、たとえば、相続財産によって生活を支えなければならない人がいるというのも根拠のひとつでしょう。

同じように親孝行をしてきた子どもたちなのに、「好きか嫌いか」という理由だけで相続できないのではあまりにも不公平ですので、公平性を担保するという目的もあるかもしれません。

●「遺留分」が認められているのは、法定相続人のうち配偶者、子ども（孫等を含む）、父母（祖父母等を含む、以下同）で、兄弟姉妹には遺留分はありません。

遺留分の割合は、相続人が父母だけの場合は、３分の１で、それ以外の場合には２分の１です。

●相続人が配偶者だけの場合には遺留分は２分の１、配偶者と子どもの場合には配偶者が４分の１で子どもが４分の１（複数の場合は等分）、子どもだけの場合には２分の１（複数の場合は等分）となります。

ただし、遺留分はあくまでも「権利」ですから、黙っていても受け取れるわけではありません。遺留分相当の財産を相続できなかった（遺留分を侵害された）ということは、そのぶんの財産を相続した（贈与や遺贈を受けた）人がいるということです。

その人に対して自分の遺留分を請求しなければならないのです。この手続きを「**遺留分減殺請求**」といいます。

●「遺留分減殺請求」について

請求は直接、遺留分を侵害している相手に対して行います。その際には配達証明つきの内容証明郵便で行うことが必要です。**遺留分減殺請求権には基本的に相続開始から1年以内**という消滅時効があるからです。相続の開始を知らなかった場合でも、10年間で権利は消滅してしまいます。

では、請求すれば必ず遺留分を受け取れるかというと、そう簡単にはいかないことも多いようです。1円でも多くもらいたいと思うのは人間の悲しい性。遺言書を盾に請求を突っぱねてくるケースもあることでしょう。

話し合いによって問題が解決しなければ、あるいは、それ以前に交渉のテーブルに出てこない場合には、**家庭裁判所の調停や審判**、あるいは**裁判**にゆだねることになります。これも「**争族**」に多いパターンです。

もちろん、遺留分減殺請求権を行使するか否かは、相続人の自由です。なかには、故人の意思を尊重して遺言の内容を素直に受け入れる人もいるでしょう。

遺留分は「争族」の火種になりやすい制度です。これを防ぐためには、相続人の遺留分を侵すような遺言書を残さないことです。

07 〈遺言書〉がないと相続財産の分割（遺産分割）に

著者は、被相続人である方々に「遺言書」を書くことを再三お勧めしていますが、それでもなかなか実行していただけません。

ここで、被相続人のあなたの意志を反映させる「遺言書」が無い場合、どうなるのかを簡単にご説明いたしましょう。


複数の相続人がいる場合には、相続財産を各相続人で分割しなければなりません。これが「**遺産分割**」で、相続の手続きの山場であり、相続が〝争族〟に悪化するきっかけとなりやすい局面です。

遺産の分割は、遺産の内容や各相続人の年齢や職業、生活の状況などを総合的に考慮して行われるべきですが、相続人それぞれが生活状況も違えば意見も違います。主張したい権利もあるはずです。もちろんさまざまな感情もあります。

遺産分割の進め方には3種類の方法があります。**「指定分割」**、**「協議分割」**、**「調停・審判分割」**です。

1　指定分割

被相続人が「遺言書」によって指定した内容にしたがって、相続財産を分割する方法です。

この場合、遺言書の記載方法によって分割がスムーズに進むかどうかが左右されます。

ところが遺言書のなかには「配偶者に3分の2、長男と二男に6分の1ずつ」などのように、分割割合だけしか指定していないケースも少なくありません。

このようなケースでは、相続財産をいったん「お金」に換算したうえで指定通りに分割することになります。

ところが不動産のように分割しにくい財産があったり、各相続人によって希望する相続財産があったりするため、分割がスムーズに行われないことが多くなります。

遺言書を作成するときには、できるだけ具体的に分割方法まで指定したほうが、トラブルの防止になるでしょう。

2　協議分割

遺言書が作成されていなかったり、形式に不備があって無効となってしまった場合などに、相続人全員で話し合い（遺産分割協議）を行い、相続人全員の合意によって財産を分割する方法です。

「遺言書」の残す方が5パーセント以下の現在では、協議分割はもっとも一般的な分割方法だといえるでしょう。

遺産分割協議は相続人全員が参加しなければ成立しません。とはいえ、現実問題としては遠方で暮らしていたり体調が悪かったりで、話し合いの場に同席できないこともあるかもしれません。

そのような場合に、電話や書簡でのやりとりが行われることもあるでしょう。最終的には、遺産分割協議の内容に合意し、その証拠として遺産分割協議書への署名・押印があれば遺産分割協議は成立したことになります。

協議の際に登場するのが、民法が定めた「法定相続分」です。通常はこの法定相続分をベースにして話し合いが進められるのですが、法的な拘束力をもちません。

さらに、**「特別受益者」**や**「特別寄与者」**の存在が、遺産分割をより複雑化させることもあります。

●「特別受益」

被相続人の生前に、特定の相続人だけが財産的な利益を受けていたことをいいます。

たとえば、兄弟姉妹のうちのひとりだけがマイホーム購入時に資金の贈与を受けていた、などの場合です。

遺産分割のときにこうした特別受益を考慮しないのでは、ほかの相続人にとって公平ではありません。

●「特別寄与」

特定の相続人が「被相続人の財産形成に特別な貢献をした」り「財産の減少を防ぐのに特別な貢献をした」というようなケースで、他の相続人よりも多くの額を相続できることを、民法でも認めています。

被相続人と同居していた長男が、故人の晩年の長期にわたる介護をしたというようなケースで寄与分を主張することも多いようです。

相続時には、特別寄与分を相続財産から差し引いて分割対象とし、分割後、寄与分は相続分とは別に寄与者に与えるのが一般的です。

もちろん、介護などで実費を負担した場合には領収書などを保管しておけば、そのぶんくらいは主張できるかもしれません。

相続が〝争族〟にならずに遺産分割協議が成立した場合には、遺産分割協議書を作成し、相続人全員が署名・押印します。

3　調停・審判分割

努力の甲斐なく協議が不調に終わったときには、家庭裁判所の手を借りることになります。といっても、いきなり訴訟になるわけではなく、一般的には**「調停」**が行われます。

調停とは、あくまでも当事者である相続人の合意をゴールとして目指す手続きですから、遺産分割協議のやり直しと考えることもできます。

具体的には、当事者（申立人と相手方）がそれぞれ個別に調停委員から事情聴取を受けます。

当事者の意見を聞いた調停委員は、法定相続分やそれぞれの意見、特別受益分や特別寄与分など、さまざまな要素や事情を考慮して、分割案を提示します。
当事者間に合意が成立すれば、合意内容を調停調書に記載し、調停は成立、その結果は拘束力を持ちます。

残念ながら調停が不調となった場合には、自動的に遺産分割の審判手続きが開始されます。

「審判」では、家庭裁判所の審判官が相続財産の内容や各相続人の状況など、さまざまな事情を考慮して分割内容を決定します。

分割方法には次のような種類があります。

①現物分割

文字通り、相続財産そのものを分割する方法です。たとえば、相続人が配偶者と子どもAとBの三人の場合、「配偶者には自宅建物と土地」、「Aには株式と現金○千万円」、「Bには預貯金」という具合にです。

それぞれが相続した「現物」が相続割合に見合った評価額である場合には、もっともスッキリとしたわかりやすい分割方法です。

②代償分割

たとえば相続財産が自宅建物と土地だけで、これを子どもA・Bのふたりが相続するというようなケースです。建物や土地を分割することは物理的に困難ですし、共有名義にすれば次の相続がさらに複雑になります。

このようなケースでは代償分割という方法がとられることがあります。たとえば子どもAが評価額5000万円の自宅を相続し、子どもBはなにも相続しなかった場合、AはBに対して自らの財産から2500万円の現金を支払うのです。

③共有分割

主に、不動産を共有で分割する方法です。一般的に不動産の共有名義は、その財産を処分する時や将来の相続時にトラブルが発生する原因となります。

④換価分割

現物で分割することが困難な場合の分割方法には、もうひとつ、換価分割という方法があります。すべての相続財産を売却処分して現金にかえたうえで、分割割合に応じて分割するのです。

現金ですから分割割合どおりに1円単位まで厳密に分割できます。

ただし、相続財産の住居に居住していた相続人は新たに住まいを探さなければならない、先祖代々の土地を失ってしまう、処分費用がかかるなどのデメリットもあります。

08 相続財産の確定

「誰が」「何を」相続するのかのうち、「何を」の手続きのスタートになるのが**「相続財産の確定」**です。

相続財産には、不動産や現金・預貯金などのほかに、株式などの有価証券、漁業権や著作権などの権利があります。

これらがプラスの財産であるのに対して、借入金などのマイナスの財産は相続債務となります。

相続税の申告では、相続財産はすべて「時価」で評価しなければなりません。相続財産のなかには「権利」や「不動産」のように、時価評価が難しいものがあります。

●被相続人が一生をかけて成した財産です。思い通りの相続をするためには、財産の把握が必要です。「資産内容」を整理して、「この資産は誰に」といった具合に、相続人が将来争うことのないような「財産目録」を作成していただきたいと思います。

09 相続方法の決定

相続には**「単純承認」**、**「相続放棄」**、**「限定承認」**の3種類の方法があります。たとえば被相続人に多額の債務があり、相続財産がマイナスになる可能性がある場合には、相続放棄や限定承認をしたほうがいいケースもあるわけです。この申述は、相続の開始から**3カ月以内**に行わなければなりません。

●被相続人が**「財産目録」**を確定した段階で、もし資産よりも借金などの負債のほうが多いことがわかった場合は、親としてはなかなか言い出せないことでしょう。しかし、何も語らずにあなたが亡くなった時の相続人（妻・子ども）の衝撃を考え、その事実を明らかにしておきたいものです。相続人の負担を少しでも軽減しておくのも被相続人の務めでしょう。

◆**「単純承認」**…最も一般的な相続方法で、被相続人の権利・義務の一切を承継する方法です。
◆**「相続放棄」**…被相続人の財産を放棄し一切の権利・義務を承継しない方法です。
◆**「限定承認」**…プラスの財産が多いのか、マイナスの財産が多いのかが分からないときに有効な方法です。

10 所得税申告（準確定申告）と名義変更・移転登記

被相続人の死亡年の1月1日から死亡日までの所得に関する税金の申告と納税です。通常、**相続開始から4カ月以内**に行わなければなりません。

●被相続人が亡くなってから、妻や子どもが通帳を見て「年金の他に、毎月入金があるけど？」といった事のないようにしましょう。

「お金は墓場まで持って行っても…」です。ただでさえ慌ただしい期間です。年金のほかに収入があれば、相続人にわかるようにしておきましょう。

財産の分割が成立したら、それにしたがって財産の名義を被相続人から相続人に**名義変更**します。必要な書類が多いなど手続きは煩雑ですが、避けては通れないステップです。弁護士、税理士、司法書士などの専門家にご相談下さい。

●被相続人、相続人とも、会社員などの場合には普通は弁護士や税理士とは面識はないでしょう。もし知り合いに居れば、相続人に紹介しておくのも良いかも知れません。また役所や公的機関の窓口に相談できるか確認しておきましょう。

11 相続税の計算と申告・納付

相続税の計算方法は少々複雑ですが、一般の方でもまったく不可能というわけではありません。

相続税の申告・納付は、相続の開始があったことを知った日の翌日から**10カ月以内**です。

納税義務があるにもかかわらず申告期限を過ぎると、相続税のほかに延滞税や無申告加算税などが課されます。

●被相続人から、相続人へ財産を遺すにはこれだけの手間と日数がかかりますが、相続人は、願わくば親への感謝の念を持ちながら、この10カ月を過ごしていただきたいものです。

さて、この10カ月間の流れを左に図にしておきます。

申告、納税までのスケジュール

死亡から10カ月以内に申告・納税

相続スタート

被相続人の死亡　死亡届を提出

■ **葬式完了**
葬式費用の領収書を保管・管理
遺言書の有無を確認
（自筆の場合は家庭裁判所で検認）

■ **初七日、四十九日の法要**
財産および債務を確認
相続手続を依頼する専門家に相談、選択

3カ月以内　相続放棄：限定承認

相続人の確認：配偶者と血縁関係者

4カ月以内　所得税の準確定申告

財産および債務の把握
：全部の財産や借金を調べる
原則的に時価で評価する

■ **遺産分割**
遺産分割協議書の作成
（相続人の間で、どのように遺産を分けるかを決める）
遺産の名義変更手続

■ **申告書作成**
現金納付、延納、物納、納税猶予を選択する

10カ月以内　申告・納税

12 財産には「課税分」と「非課税分」がある

●「民法上の相続財産」

被相続人が亡くなると同時に、所有していたもののほぼ全てが、いわゆる「民法上の相続財産」となり、相続人にとって「遺産分割」の対象となります。遺言書で誰に相続（又は遺贈）させるかを決めたり、相続人の協議によって分割されるあなたの財産は、厳密には**「民法上の相続財産」**なのです。

一方で、「税金がかかる財産」、つまり「相続税がかかる相続財産」は、先ほどの「民法上の相続財産」以外にもあることを覚えておきましょう。「みなし相続財産」と言われるものがそれです。身内による「遺産の分割」と国へ「相続税を納める」ことは別の手続きであることを忘れないようにして、相続人の負担をすこしでも減らす〈賢い相続〉を心がけたいものです。

次に、①**「課税・相続財産」**②**「課税・みなし財産」**③**「非課税・財産」**をわかりやすく表にしました。

＜課税される財産＞　①本来の相続財産

土　地	宅地、農地（田畑）、山林、原野、牧場、沼地、雑種地など
土地の上に有する権利	地上権、借地権、定期借地権など
家　屋 附属設備	自用家屋、貸家、倉庫、駐車場、門、塀、庭園設備、工場など
事業用、 農業用の財産	機械、器具、車輌、備品、商品、製品、半製品、原材料、農産物、牛馬、果樹、営業権など
現金、預貯金、 有価証券	現金、各種預貯金、株式、出資、公社債、貸付信託、証券投資信託など
家庭用財産	家具、什器備品、宝石、貴金属、書画骨董、自動車、電話加入権など
その他	立木、果樹、貸付金、未収金（地代、家賃など）、配当金、ゴルフ会員権、特許権、著作権など

<課税される財産> ②みなし相続財産

生命保険金	被相続人が保険料を負担した部分
退職手当金等	死亡後3年以内に支給が確定したもの
生命保険契約に関する権利等	被相続人が負担した掛け金に対応する部分
信託に関する権利	信託財産に属する資産及び負債又は信託の残余財産

③非課税となる財産

祭祀関係	墓地、墓碑、仏壇、仏具、神棚、祭具 （骨董品、投資目的で所有するもの等を除く）
生命保険金	相続人が受け取った金額の合計額のうち500万円×法定相続人の数は非課税
死亡退職金	相続人が受け取った金額の合計額のうち500万円×法定相続人の数は非課税
寄　附	国、地方公共団体、一定の公益法人へ寄附した財産
公益事業財産	宗教、慈善、学術団体などの公益事業を行う人が受け取った公益事業用財産
心身障害受給権	心身障害者共済制度に基づく給付金の受給権

＜著者プロフィール＞

治田 秀夫（はるた ひでお）

1941年4月群馬県生まれ。1964年中央大学商学部卒業、1967年公認会計士登録、1968年税理士登録、1980年治田会計事務所開設（港区南青山1-4-2）。

元アーサーヤング＆カンパニー、元監査法人トーマツ代表社員。

現在、治田会計事務所所長、宗教法人東京都神社庁・埼玉県神社庁顧問会計士。

著書に
『神社寺院のわかりやすい実務とラクラク会計』

『図解　宗教法人の実務　会計と税務』（戎光祥出版）

『実務担当者のための宗教法人の経理と税務』

『実務担当者のための宗教法人の経理と税務　改訂版』（以上、丸善プラネット）など。

その他、＜争続シリーズ＞として
『遺産相続・転ばぬ先の知恵　遺言と争族』

『なぜ、お金持ちでもないのに〝争族〟になるのか？』

『〝争族〟争族にならないための遺産相続─ドキュメント「遺言書さえあれば…」』

『長寿国日本の「争族」』

『円満相続の心得』

『60歳からのライフプランと円満相続』

『人生100年時代　シニアの賢い生き方』（以上、ごま書房新社刊）がある。


治田会計事務所ホームページ http://www.harutax.jp

人生100歳時代 65歳からの「賢い老後」

著　者	治田 秀夫
発行者	池田 雅行
発行所	株式会社 ごま書房新社
	〒101-0031
	東京都千代田区東神田 1-5-5
	マルキビル 7F
	TEL 03-3865-8641（代）
	FAX 03-3865-8643
カバーデザイン	（株）オセロ 大谷 治之
DTP	ビーイング 田中 敏子
印刷・製本	創栄図書印刷株式会社

ISBN978-4-341-08692-3 C0033

ごま書房新社の本

治田秀夫の＜争族＞シリーズ

治田会計事務所所長　公認会計士 税理士
治田秀夫　著

円満相続の心得
＜2013年11月刊＞

長寿国日本の「争族」
＜2012年11月刊＞

争族にならないための
遺産相続
＜2009年12月刊＞

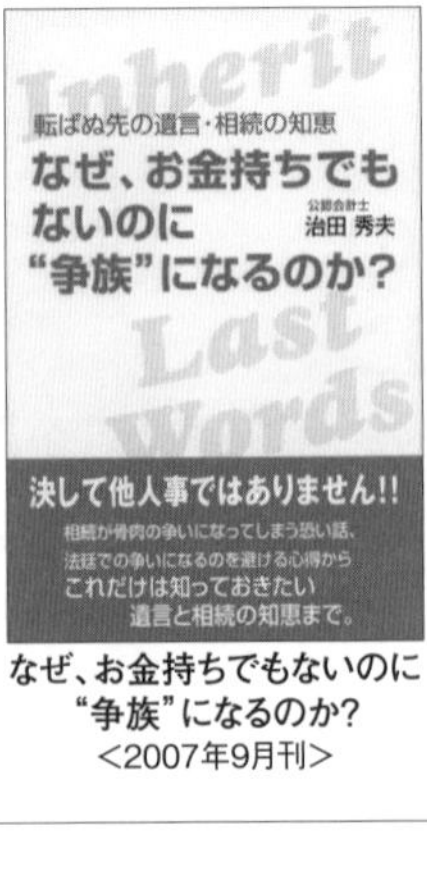

なぜ、お金持ちでもないのに
"争族"になるのか?
＜2007年9月刊＞

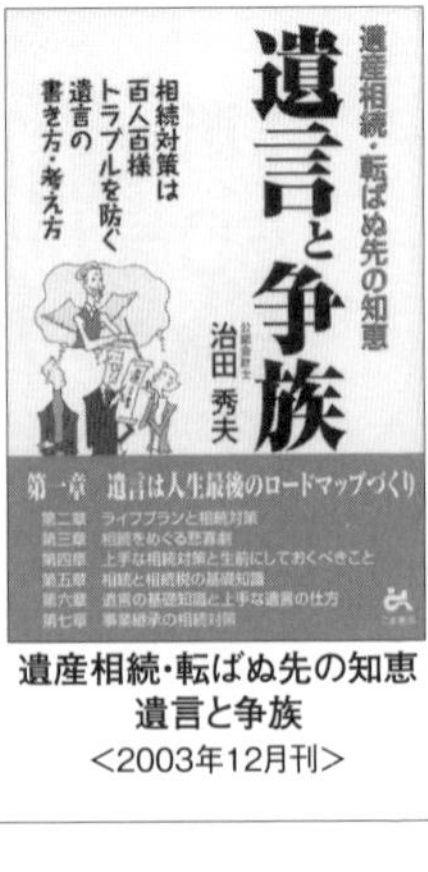

遺産相続・転ばぬ先の知恵
遺言と争族
＜2003年12月刊＞